AF324387

LETTRES PATENTES

DV ROY

EN FORME D'EDICT.

Portant Restablissement du Parlement
de Rouen en deux Scéances & Ouuertures Semestres, Auec augmentation
d'Officiers, tant au Parlement que Requestes du Palais.

Verifiées à Rouen en la Cour de Parlement, le 13.
d'Auril 1641. Et publiées en icelle l'Audience
seante le 16 dudit mois ensuiuant.

A PARIS,

M. DC. XXXXI.

DV MARDY SEIZIESME

jour d'Avril, mil six cens quarante-
vn, à Roüen en la Cour de Parlement.

PRES lecture judiciairement fai-
te des Lettres Patentes du Roy
en forme d'Edict, données à
Sainct Germain en Laye au mois
de Ianuier dernier, signées LOVIS,
& plus bas, par le Roy, PHE-
LYPEAVX, & scellées sur lacs de soye en cire
verde, portant restablissement des Officiers du
Parlement de Normandie, pour estre d'oresi-
nauant tenu en deux séances & ouuertures
semestres, Création en titre d'Office formé du
nombre des Officiers y mentionnez, & ré-
vnion de la haute Iustice du Comté d'Eu audit Parlement, pour y estre les appellations
jugées & terminées, suiuant qu'il est plus am-
plement contenu esdites Lettres, & d'autres
Lettres de Iussion du vingt-vniéme Mars dernier, pour proceder à l'enregistrement dudit
Edict : Ouy le Procureur General du Roy,

A ij

lequel a requis que fur lefdites Lettres il foit
mis : qu'elles ont efté leües, publiées & regiftrées és Regiftres de la Cour, pour eftre
executées felon leur teneur. LA COVR a ordonné & ordonne, que fur lefdites Lettres
Patentes fera mis ; Qu'elles ont efté leuës, publiées & regiftrées, ce requerant le Procureur
General du Roy, pour eftre executées felon leur
forme & teneur, aux modifications portées
par le Regiftre. Defquelles Lettres Patentes en
forme d'Edict la teneur enfuit.

OVYS par la grace de Dieu, Roy
de France & de Nauarre : A tous
prefens & à venir, Salut. Nos Pre-
deceffeurs Roys & Nous, depuis
noftre aduenement à la Couronne
auons toufiours eu foin tres-particulier des
Gens de noftre Pays & Duché de Normandie, comme bons vrais & loyaux fujets : Et
pour leur foulagement, & leur faire diftribuer
la Iuftice en Souueraineté & en dernier reffort
en ladite Prouince, fans en eftre diftraits & di-
uertis comme ils eftoient. Le Roy Louys dou-
ziéme par fon Edict de l'an mil quatre cens
nonante-neuf, auroit eftably en la ville de
Roüen, capitale de ladite Prouince, vne Cour

de Parlement, composée de nombre d'Officiers, au lieu de l'Eschiquier qui s'y tenoit auparauant, pour cognoistre de toutes les causes
& matieres dudit Pays & Duché. Laquelle
Cour, & les Officiers d'icelle auroient continué
leurs Séances, fonctions & exercice iusques au
mois de Decembre de l'année derniere mil six
cens trente-neuf. Que pour aucunes considera-
tions par nos Lettres Patentes du dix sept dudit
mois. Nous les aurions interdits de la fonction
& exercice de leurs charges. Et en leurs lieu,
pour tenir & exercer la Iustice souueraine de
nostredit Parlement de Roüen, commis & de-
puté par autres nos Lettres Patentes du quatre
Ianuier ensuiuant, des President & Conseillers
de nostre Parlement de Paris : depuis lequel
temps lesdits Officiers de nostredit Parlement
nous auroient tres-humblement supplié de les
vouloir restablir dãs l'exercice de leurs charges,
aux prostations d'estre tousiours dans la fidelité,
affection & obeïssance qu'ils nous doiuent & de
seruir en leursdites charges selon le deub d'icel-
les, auec sincerité & assiduité. A quoy ayant es-
gard, & voulant aussi pouruoir aux plainctes de
nosdits subjects de nostre Pays & Duché de Normandie, de ce qu'auparauant ladite interdiction
les procez estoient tellement tenus en longueur
en nostredit Parlement, qu'il se passoit plusieurs
années à la poursuitte & sollicitation du iugemẽt
d'iceux ; Que les vacations de trois mois & plus
que prenoit nostredit Parlement par chacun

an, diuertiſſoit grandement le cours de la Iuſtcé, tant Ciuile que Criminelle, & conſommoit le temps & les biens de noſdits ſubjects : Et que d'ailleurs noſdits ſubjects du Comté d'Eu, enclaué dans la Vicomté d'Arques, faiſant partie dudit Duché & Pays de Normandie, ſont obligez de venir plaider à Paris, dont ils ſont plus eſloignez que de la Ville de Roüen de plus de trente lieuës, à cauſe que la haute Iuſtice dudit Comté ayant eſté diſtraite de noſtredit Parlement de Rouen, en procedant à la reformation de la Couſtume dudit Pays, a eſté attrib uée à noſtredit Parlement de Paris, ce qui leur eſt vne grande ſurcharge, dont nous les pouuons redimer, reſtabliſſant & remettant ladite haute Iuſtice audit Parlement de Roüen. A CES CAVSES, deſirant ſubuenir à tous noſdits Officiers les reſtablir & maintenir, faire ceſſer les plainctes deſdites longueurs de procez & procedures au ſoulagemēt de noſdits ſubjets de noſtre Pays & Duché de Normandie : Meſmes éuiter autant que faire ſe peut les frequentes éuocatiōs dudit Parlement, fondées ſur parantelles & alliances, leſquelles cauſent & donnent la ruïne & déperiſſement des meilleures familles de noſtredit Prouince. SÇAVOIR faiſons, qu'apres auoir mis l'affaire en déliberation en noſtre Conſeil, où eſtoient aucuns Princes, Officiers de noſtre Couronne, & autres grands & notables Perſonnages. DE L'ADVIS D'ICELVY, & de noſtre certaine Science, plaine puiſſance & authorité Royale,

Auons por ces presentes remis & restably, re-
mettons & restablissons tous lesdits Officiers de
nostredicte Cour de Parlement de Rouen en
leurs fonctiõs, honneurs, auctoritez , prérogati-
ues, prééminences, franchises, libertez , droicts,
fruicts, profits, reuenus, priuileges & émolumés,
dont ils iouissoient auparauant ladicte interdiction portée par nosdites Lettres du 17. Decembre 1639, laquelle nous auons leuée & ostée: Et
afin que la Iustice souueraine soit continuelle-
ment distribuée & renduë à nosdits subjects de
Normandie, sans aucune interruption ny vaccation , & que le cours des procedures & procez
soit abregé. Nous par le present Edict, perpetuel
& irreuocable, Auons dit, statué & ordonné , di-
sons, statuons & ordonnons, voulons & nous
plaist ; Que nostre-dit Parlement de Rouen soit
d'oresnauant tenu & exercé par deux séances &
ouuertures Semestres de six mois chacune. La
premiere desquelles commencera au premier
iour de Feurier prochain, & finira le dernier
iour de Iuillet. Et la deuxiéme , le premier iour
d'Aoust ensuiuant, & finira le dernier Ianuier, &
à continuer les années suiuantes ; Ausquelles
deux Séances & Semestres, le premier President
dudit Parlement presidera & fera toutes les fonctions de premier President: Et feront les autres
Presidens & Conseillers dudit Parlement resta-
blis par ces presentes départis par moitié esdits
Semestres par nostre tres-cher & feal le sieur Seguier Cheualier, Chancelier de Fräce, sur la liste

defdits Officiers qui fera apportée ou enuoyée en fes mains par le Greffier dudit Parlement. Ce que nous voulons & entendons eftre executé auparauant ledit reftabliffement. Et affin que le nombre defdits Officiers foit fuffifant pour tenir pendât chacun femeftre, tant la grande Châbre dudit Parlement, que celles de l'Edict de la Tournelle, des Enqueftes, & des Requeftes du Palais, lefquelles nous voulons auffi eftre tenuës & exercées par femeftres, comme deffus. Nous auons par le mefme prefent Edict, creé & erigé, créons & érigeons en tiltre d'Offices formez, quatre nos Confeillers, Prefidens au Mortier en noftredit Parlement de Rouen, trente-fept nos Confeillers Laiz audit Parlement, deux nos Confeillers Clercs audit Parlement, & vn Confeiller Garde des Sceaux audit Parlement, pour exercer en l'vn defdits femeftres, & l'ancien Garde des Sceaux en l'autre : Lequel ancien nous auons auffi creé & eftably Confeiller audit Parlement ; A cét effet prendra nouuelles prouifiôs dudit Office de Confeiller, joint & vny à celuy de Garde des Sceaux ancien, en payant la fomme à laquelle ladite vnion fera taxée moderément en noftre Côfeil. Auons auffi creé & erigé en tiltre d'office formé quatre Subftituts de noftre Procureur general audit Parlement, vn premier Huiffier pour feruir à l'vn des Semeftres, quatre autres Huiffiers audit Parlement, & deux Notaires Secretaires de la Cour, deux nos Côfillers Prefidens aux Requeftes du Palais dudit

Parlement

Parlement, & six nos Conseillers audit Parlement & Requestes du Palais d'iceluy, Tous lesdits Officiers aux mesmes honneurs, auctoritez,
fonctions, exercices, priuileges, franchises, exé-
ptions, droicts de franc-sallé, & autres droicts,
profits, reuenus & esmolumens, tels & sembla-
bles que les ont, prennent & perçoiuent les anciens Officiers dudit Parlement & Requestes du
Palais d'iceluy, & des autres nos Parlemens : Et
lesquels Offices de Presidens & Conseillers se-
ront departis esgallement en chacun desdits Semestres par nostredit trer-cher & feal Chancelier de France. Voulons qu'à la fin de chacû desdits Semestres, les procez qui n'auroient esté iugez en iceluy, soient remis au Greffe par lesdits
Conseillers, pour estre distribuez & iugez au Se-
mestre suiuât. Et sera dés à presét par nous pour-
ueu ausdits Offices de personnes capables, & cy
pres quand vaccation y escherra par mort ou
resignation. A tous lesquels Offices nous auons
attribué & attribuons les gages qui ensuiuent. A
sçauoir à chacun desdits Offices de quatre Presidens au Mortier, presentement crées, trois mil
liures par an, à chacun desdits Conseillers Laiz, &
Conseillers Gardes des Sceaux, mil liures par an.
à chacun desdits deux Conseillers Clercs, huict
cens leures par an, à chacun desdits deux Presidens des Requestes du Palais, quinze cens liures
par an, à chacun desdits six Conseillers desdites
Reqtestes du Palais huict cens liures par an, à
chacû desdits quatre Substituts, cinq cens liures
par an, à chacun desdits deux Notaires Secretai-

res de la Cour, cinq cens liures par an, audit premier Huiffier, cinq cens liures, & à chacun desdits quatre Huiffiers, deux cens liures par an:
Reuenans tous lefdits gages à la fomme de
Le fonds
defquels fera fait & employé és eftats des recep-
tes generales de Roüen & Alençon, auec celuy
des gages des anciens Officiers dudit Parlemét,
à commencer en la prefente année, pour eftre
payé & mis és mains des Receueurs & Payeurs
des gages dudit Parlement, de qurtier en quar-
tier en la maniere accouftumée, par les Receueurs generaux defdites Generalitez en exercice: Aufquels Receueurs & Payeurs des gages,
nous auons auffi attribué fix deniers de taxatiõs
hereditaires dudit maniement, en payant en nos
parties Cafuelles les fommes aufquelles ils feront taxez en noftre Confeil: Le fonds defquels
fera auffi fait & employé efdits Eftats, & le re-
tiendront par leurs mains chacun en l'année de
leur exercice. VOVLANS auffi pour la commodité de nofdits fubjects du Comté d'Eu, la haute
Iuftice d'iceluy reffortir en noftredit Cour de
Parlement de Roüen, ainfi qu'elle faifoit aupar-
uant la reformation de la Couftume dudit Païs,
& que tous les procez & differends qui feront
meus & déuolus y foient iugez & terminez, felon les Vs & Couftumes locales, ainfi qu'elles
ont efté eftablies: Et defdits procez & differends
d'entre les habitans dudit Comté d'Eu, nous
auons interdict & interdifons la cognoiffance à
noftredite Cour de Parlement du Paris, fans

preiudice des droicts de Pairie. Et pour aucune-
ment indamnifer lefdits anciens Officiers de
noftredit Parlement de Roüen, à caufe de l'efta-
bliffement dudit Semeftre, Nous leur auons attribué & attribuons par forme d'augmentation
de gages par chacun an: Sçauoir au premier Prefident mil liures, à chacun defdits Prefidens au
Mortier dudit Parlement cinq cens liures : à chacun des Confeillers Clercs & Laiz deux cens
liures : à chacun des deux Prefidens des Requeftes du Palais deux cens liures : & à chacun des
Confeillers defdites Requeftes du Palais cent
cinquante liures, dont le fonds fera auffi fait &
employé efdits eftats : Et en jouyront annuelle-
ment comme de leurs anciens gages, fans pour
ce nous payer aucune finance. Et voulans trait-
ter fauorablement ceux qui ferôt pourueus defdits Offices de Prefidens, Confeillers, Nottaires
de la Cour, Subftituts & Huiffiers creez par le
prefent Edict, Nous voulons qu'ils jouyffent de
la difpenfe des quarante iours durant la prefente
année 1641. & les deux fuiuantes, fans qu'ils
foient tenus de payer aucun preft, ny droict annuel, ny qu'aduenant le deceds d'aucuns d'eux
pendant ledit temps, leurs Offices puiffent eftre
declarez vacquans ny impetrables : Ains qu'ils
foient conferuez à leurs vefues & heritiers, pour
en difpofer au profit de telles perfonnes capables qu'ils aduiferont, fans payer aucune finance
que le huictiéme denier de l'éualuation defdits
Offices : & le droict de marc d'or. Et apres ledit
temps, lefdits Officiers feront receus au paye-

ment dudit droiĉt annuel , pour le temps qui
reſtera de l'expiration d'iceluy , ſans pour ce de-
mander aucun preſt ny aduance. SI DONNONS
en mandement à noſtre tres-cher & feal le ſieur
Seguier, Cheualier, Chancelier de France , que
noſtre preſent Ediĉt il faſſe lire & publier en noſtre grande Chancellerie , le Sceau tenant. Et à
nos amez & feaux les Preſidens & Conſeillers de
noſtre Parlement de Paris, Commiſſaires députez pour tenir noſtredit Parlement de Roüen,
& Gens de nos Comptes audit lieu , chacun en
droiĉt ſoy, de faire regiſtrer noſtredit Ediĉt pu-
rement & ſimplement, és Regiſtres dudit Parlement & de la Chambre deſdits Comptes , pour
eſtre iceluy executé, & le contenu en iceluy gar-
dé & obſerué de poinĉt en poinĉt, ſelon ſa forme
& teneur: Nonobſtant tous autres Ediĉts, Or-
donnances, & Reglemens à ce contraires , auſ-
quels nous auons dérogé & dérogeons par ces
preſentes , & à toutes autres oppoſitions qui ſe
pourroient former à l'execution d'iceluy; dont ſi
aucunes interuiennent, nous en auons retenu &
reſerué la cognoiſſance en noſtre Conſeil, &icel-
le interdite à tous autres Iuges; Car tel eſt noſtre plaiſir. Et ſera adjouſté foy comme aux Ori-
ginaux, aux coppies des preſentes, collationnées
par l'vn de nos amez & feaux Conſeillers & Se-
crétaires. Et afin que ce ſoit choſe ferme & ſta-
ble à touſiours , nous auons fait mettre noſtre
ſéel à ceſdites preſentes, ſauf en autre choſe noſtre droiĉt, & l'autruy en toutes. Donné à S. Germain en Laye au mois du Ianvier , l'an de grace

1641. Et de noſtre regne le 31. Signé, L O V I S.
Et plus bas, Par le Roy, PHELYPEAVX. Et ſcellé
ſur lacs de ſoye verde & rouge, du grand ſceau
de cire verde. Et plus bas eſt eſcrit ;

*Leu & publié le Sceau tenant, de l'Ordonnance
de Monſeigneur Seguier Comte de Gien, Garde des
Sceaux & Commandeur des Ordre du Roy, & Chancelier de France, & regiſtré és Regiſtres de la Chancellerie de France, Moy Conſeiller de ſa Majeſté en
ſes Conſeils, & grand Audiencier de France preſent,
à Paris le premier iour de Mars mil ſix cens quarante & vn. Signé,* C O M B E S.
Et à coſté eſt eſcrit :

*Leuës, publiées & regiſtrées és Regiſtres de la Cour:
Oüy, & conſentant le Procureur General du Roy,
pour eſtre executées, ſelon leur forme & teneur, aux
modifications portées par l'Arreſt du 13. de ce mois.
A Roüen en Parlement l'Audiance ſceans le 16. iour
d'Avril 1641. Signé,* L E   S V E V R.

IVSSION.

L O V I S par grace de Dieu Roy de France
& de Nauarre ; A nos amez & feaux Conſeillers, les Commiſſaires tenans noſtre Cour de
Parlement à Roüen ; Salut. Nous vous auons en-
uoyé noſtre Edict, portant reſtabliſſement des
Officiers de noſtredit Parlement, que nous auõs
cy-deuant interdits, & nous apprenons auec deſ-
plaiſir que vous ayant eſté preſenté pour le veri-
fier & faire regiſtrer ſelon ſa forme & teneur, ſui-
uant noſtre intentiõ à plain declarée par iceluy,
& par nos lettres particulieres : Au lieu d'y obeir

il est interuenu sur ladite verification & enregistrement vn partage d'opinions entre vous, qui
retarde l'execution dudit Edict, nonobstant lequel partage, voulons qu'il aye son effet ; Nous
vous mandons, ordonnons , & tres-expressé-
ment enjoignons par cés presentes, signées de
nostre main, qui vous seruiront de premiere , se-
conde & tierce Iussion, & de tout autre ordre &
commandement que vous pourriez attendre de
nous, que tous autres affaires cessans & postpo-
sez, vous ayez à proceder incontinent, & sans de-
lay, à la verification & enregistrement de nostredit Edict, portant restablissement dudit Parlement de Roüen, soient sa forme & teneur, & sans
aucune restrinction , ny modification quelconque : Enjoignons à nostre Procureur general en
nostredite Cour de faire à cette fin , suiuant le
deuoir de sa charge, toutes les instances, requisi-
tions , & poursuittes necessaires , & nous donner
aduis du bon deuoir que vous y ferez : Car tel est
nostre plaisir. Donné à S. Germain en Loye le
21. iour de Mars, l'an de grace 1641. Et de nostre
regne le 31. Signé , LOVIS , Et plus bas , Par le
Roy, PHELYPEAVX. Et seellé sur simples queuë,
d'vn grand seel de cire jaune.

EXTRAICT DES REGISTRES
de la Cour de Parlement.

VEV par la Cour les Lettres Patentes du
Roy, en forme d'Edict, données à Sainct

Germain en Laye au mois de Ianvier dernier, Signées L O V I S , & plus bas P H E L Y P E A V X,
& feellées fur lacs de foye en cire verde, Par lefquelles fa Majefté reftablit fon Parlement de
Normandie , lequel elle veut dorefnauant eftre
tenu en deux Seance & Ouuertures Semeftres
de fix mois chacune, la premiere defquelles
commencera au premier Fevrier , & finira le
dernier Iuillet, & la deuxiéme le premier iour
d'Aouft & finira le dernier de Ianvier, & à continuer les années fuiutes; aufquelles deux Scan-
ces & Semeftres le premier Prefident dudit Parlement prefidera, & fera toutes les fonctions de
premier Prefident, & feront les autres Prefidens
& Côfeillers dudit Parlement reftablis par ledit
Edict, départis par Monfieur le Chancelier fur
la Lifte defdits Officiers qui fera apportée ou
enuoyée en fes mains par le Greffier dudit Parlement, ce que fa Majefté veut eftre executé auparauant ledit reftabliffement : Et afin que le
nombre defdits Officiers foit fuffifant pour tenir
pendant chacun Semeftre, tant la grand Chambre dudit Parlement, que celle de l'Edict , de la
Tournelle , des Enqueftes , & des Requeftes du
Palais , lefquelles fadite Majefté veut auffi eftre
tenües & exercées par Semeftre comme deffus,
crée en tiltre d'Office formé, le nombre des Officiers y mentionnez , & pour la commodité de
fes fubjets du Comté d'Eu , veut fadite Majefté
que ladite haute Iuftice d'iceluy reffortiffe en fa
Cour de Parlement de Roüen, ainfi qu'elle faifoit auparauant la reformation de la Couftume

dudit Pays, &que tous les procez & differends
qui feront meus & déuolus, y feront iugez & terminez felon les Vs & Couftumes locales, ainfi
qu'elles ont efté eftablies, & defdits procez &
differends d'entre lefdits habitans dudit Comté
d'Eu, fadite Majefté interdit la cognoiffance à fa
Cour de Parleme nt de Paris, fans prejudicē des
droicts de Pairie. Autres Lettres Patentes en
forme de Iuffion, données audit S. Germain en
Laye le 21. Mars auffi dernier, portant injonctiō
tres-expreffe aux Commiffaires députez par fa
Majefté pour tenir fondit Parlement de Roüen,
de proceder à la verification & enregiftrement
dudit Edict, felon fa forme & teneur, nonobftant
le partage interuenu fur la déliberation d'iceluy
le 20. dudit mois de Mars , & fans y apporter aucune reftrinction, ny modification quelconque;
Conclufion du Procureur General du Roy , &
ouy le rapport du Confeiller Commiffaire: LA-
DITE COVR du tres-exprés commandement du
Roy, a ordonné & ordonne que lefdites Lettres
Patentes en forme d'Edict, du mois de Ianvier
dernier, feront regiftrées és Regiftres d'icelle,
pour eftre executées felon leur forme & teneur,
à la referue du reffort du Comté d'Eu, que le
Roy fera tres-humblement fupplié de conferuer
au Parlement de Paris. Faict à Roüen en
Parlement, le 13. iour d'Avril 1641.

Signé,   LE SVEVR.